The Vigil of the Little Angels
La Velación de los Angelitos

Day of the Dead in Mexico
Día de Muertos en México

Text and photos by / Texto y fotos por Mary J. Andrade
Illustrations by / Ilustraciones por José J. Murguía

La Oferta Review, Inc.

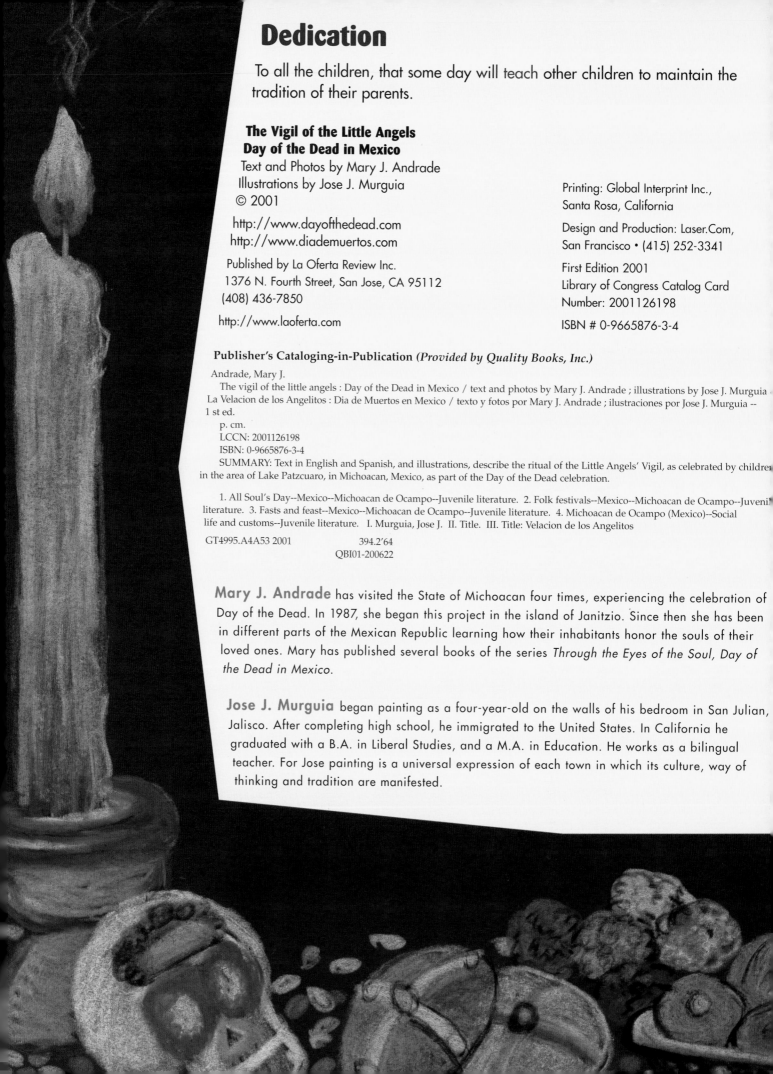

Dedication

To all the children, that some day will teach other children to maintain the tradition of their parents.

The Vigil of the Little Angels
Day of the Dead in Mexico
Text and Photos by Mary J. Andrade
Illustrations by Jose J. Murguia
© 2001

http://www.dayofthedead.com
http://www.diademuertos.com

Published by La Oferta Review Inc.
1376 N. Fourth Street, San Jose, CA 95112
(408) 436-7850

http://www.laoferta.com

Printing: Global Interprint Inc.,
Santa Rosa, California

Design and Production: Laser.Com,
San Francisco • (415) 252-3341

First Edition 2001
Library of Congress Catalog Card
Number: 2001126198

ISBN # 0-9665876-3-4

Publisher's Cataloging-in-Publication (*Provided by Quality Books, Inc.*)
Andrade, Mary J.
    The vigil of the little angels : Day of the Dead in Mexico / text and photos by Mary J. Andrade ; illustrations by Jose J. Murguia
La Velacion de los Angelitos : Dia de Muertos en Mexico / texto y fotos por Mary J. Andrade ; ilustraciones por Jose J. Murguia --
1 st ed.
    p. cm.
    LCCN: 2001126198
    ISBN: 0-9665876-3-4
    SUMMARY: Text in English and Spanish, and illustrations, describe the ritual of the Little Angels' Vigil, as celebrated by children in the area of Lake Patzcuaro, in Michoacan, Mexico, as part of the Day of the Dead celebration.

    1. All Soul's Day--Mexico--Michoacan de Ocampo--Juvenile literature. 2. Folk festivals--Mexico--Michoacan de Ocampo--Juvenile literature. 3. Fasts and feast--Mexico--Michoacan de Ocampo--Juvenile literature. 4. Michoacan de Ocampo (Mexico)--Social life and customs--Juvenile literature. I. Murguia, Jose J. II. Title. III. Title: Velacion de los Angelitos
GT4995.A4A53 2001   394.2'64
        QBI01-200622

Mary J. Andrade has visited the State of Michoacan four times, experiencing the celebration of Day of the Dead. In 1987, she began this project in the island of Janitzio. Since then she has been in different parts of the Mexican Republic learning how their inhabitants honor the souls of their loved ones. Mary has published several books of the series *Through the Eyes of the Soul, Day of the Dead in Mexico*.

Jose J. Murguia began painting as a four-year-old on the walls of his bedroom in San Julian, Jalisco. After completing high school, he immigrated to the United States. In California he graduated with a B.A. in Liberal Studies, and a M.A. in Education. He works as a bilingual teacher. For Jose painting is a universal expression of each town in which its culture, way of thinking and tradition are manifested.

Dedicatoria

A todos los niños que un día enseñarán a otros niños a mantener las tradiciones de sus padres.

**La Velación de los Angelitos
Día de Muertos en México**
Texto y fotos por Mary J. Andrade
Ilustraciones por José J. Murguía
© 2001

http://www.dayofthedead.com
http://www.diademuertos.com

Publicado por La Oferta Review Inc.
1376 N. Fourth St.
San José, CA 95112
(408) 436-7850
http://www.laoferta.com

Impresión: Global Interprint Inc.,
Santa Rosa, California

Diseño y Producción: Laser.Com,
San Francisco • (415) 252-3341

Primera Edición 2001
Biblioteca del Congreso, Número de la Tarjeta del Catálogo:
2001126198
ISBN # 0-9665876-3-4

Mary J. Andrade ha viajado a Michoacán en cuatro ocasiones viviendo la celebración de Día de Muertos. En 1987 inició este proyecto en la isla de Janitzio; a partir de entonces ha visitado diferentes lugares de la República Mexicana, aprendiendo sobre la forma cómo sus habitantes honran las almas de sus seres queridos. Mary ha publicado varios libros bilingües de la serie *A través de los Ojos del Alma, Día de Muertos en México*.

José J. Murguía comenzó a pintar desde los cuatro años de edad en las paredes de su cuarto en San Julián, Jalisco. Emigró a los Estados Unidos al terminar la preparatoria. En California realizó sus estudios universitarios, donde obtuvo una licenciatura y una Maestría en Educación y trabaja como maestro bilingüe. Para José la pintura es la expresión universal de cada pueblo en la que se manifiesta su cultura, su pensamiento y su tradición.

From the highest point of the Janitzio island, where the monument to the Mexican Independence hero Jose Maria Morelos is located, children watch the fishermen slowly raise their butterfly nets from their canoes floating on Lake Patzcuaro.

It is their warm gesture of welcome to the visitors that arrive early in the morning on November first, to participate with the native people in the ritual of The Vigil of the Little Angels .

We must keep the tradition alive!

Desde lo más alto de la isla de Janitzio, allí donde se levanta el monumento a José María Morelos, héroe de la Independencia de México, los niños miran a los pescadores levantar lentamente las redes de mariposas de sus canoas, que flotan sobre las aguas del Lago de Pátzcuaro.

Es un gesto de bienvenida hacia los visitantes que, desde muy temprano en la mañana del primero de noviembre, llegan a participar, con los habitantes del lugar, en el ritual de La Velación de los Angelitos.

¡Tenemos que mantener viva la tradición!

Boys and girls run down the steep streets of Janitzio to welcome the visitors.

They have crossed the lake in small motor boats, to experience the loving homage that the youngsters pay to their ancestors and to their dearly departed brothers and sisters.

Here, as in the other islands and surrounding towns of Lake Patzcuaro, Michoacan, children are in charge of the ritual of The Vigil of the Little Angels.

We must keep the tradition alive!

Rumbo al muelle, los chiquillos bajan corriendo por las callecitas empinadas, para recibir a los que llegan.

Los visitantes cruzan el lago en una lancha a motor. Van a convivir con los pequeños habitantes de Janitzio en el homenaje de amor y respeto que ellos rinden a sus antepasados y a sus hermanitos.

En esta isla, así como en otras en el lago y en poblaciones alrededor de Pátzcuaro, Michoacán, son los niños los encargados de la ceremonia de La Velación de los Angelitos.

¡Tenemos que mantener viva la tradición!

At home, all the families are ready to celebrate Day of the Dead.

Children, together with their parents, go to the fields to cut the cempasuchitl flowers.

In many of the homes, people have planted the cempasuchitl in their backyards and harvest them on the same day that they place their altars.

Others buy the flowers at the tianguis in Patzcuaro.

We must keep the tradition alive!

En todos los hogares, las familias se han preparado para la celebración del Día de Muertos.

Los niños fueron al campo con sus padres a cortar las flores de cempasúchitl.

En muchas de las casas, siembran las flores en el patio y las cortan el día que ponen el altar.

Otros las compran en el tianguis de Pátzcuaro.

¡Tenemos que mantener viva la tradición!

The men of the house hunt for ducks in the lake.

The mothers cook and place them on the altar, together with offerings of fruits, vegetables, and bread.

We must keep the tradition alive!

Los padres y los hermanos mayores cazan los patos en el lago.

Las madres los cocinan para colocarlos en el altar, junto con las ofrendas de frutas, verduras y panes.

¡Tenemos que mantener viva la tradición!

With the cempasuchitl flower they cover the wooden cross and place it on the altar.

It is a big cross, with a square design, crossed with two pieces of wood from corner to corner, from which they hang bread, fruits, sugar skulls and animal figures made of sugar.

We must keep the tradition alive!

Con la flor de cempasúchitl forran una cruz de madera, que ponen en el altar.

Es una cruz grande, en forma cuadrada, con dos varas que se cruzan en el centro, de la cual cuelgan panes, frutas, calaveritas y animalitos hechos de azúcar.

¡Tenemos que mantener viva la tradición!

On the morning of November first, men carry the Michoacan cross to the cemetery, women take their food offerings, and children take the flowers and candles.

They place the cross at the head of the tomb, signaling to the young boys and girls to begin the ritual of The Vigil of the Little Angels.

We must keep the tradition alive!

En la mañana del primero de noviembre, los padres llevan al cementerio la cruz michoacana, las madres cargan las ofrendas de comida y los niños ayudan a llevar las flores y las velas.

Colocan la cruz en la cabecera de la tumba, para que los niños den inicio a la ceremonia de La Velación de los Angelitos.

¡Tenemos que mantener viva la tradición!

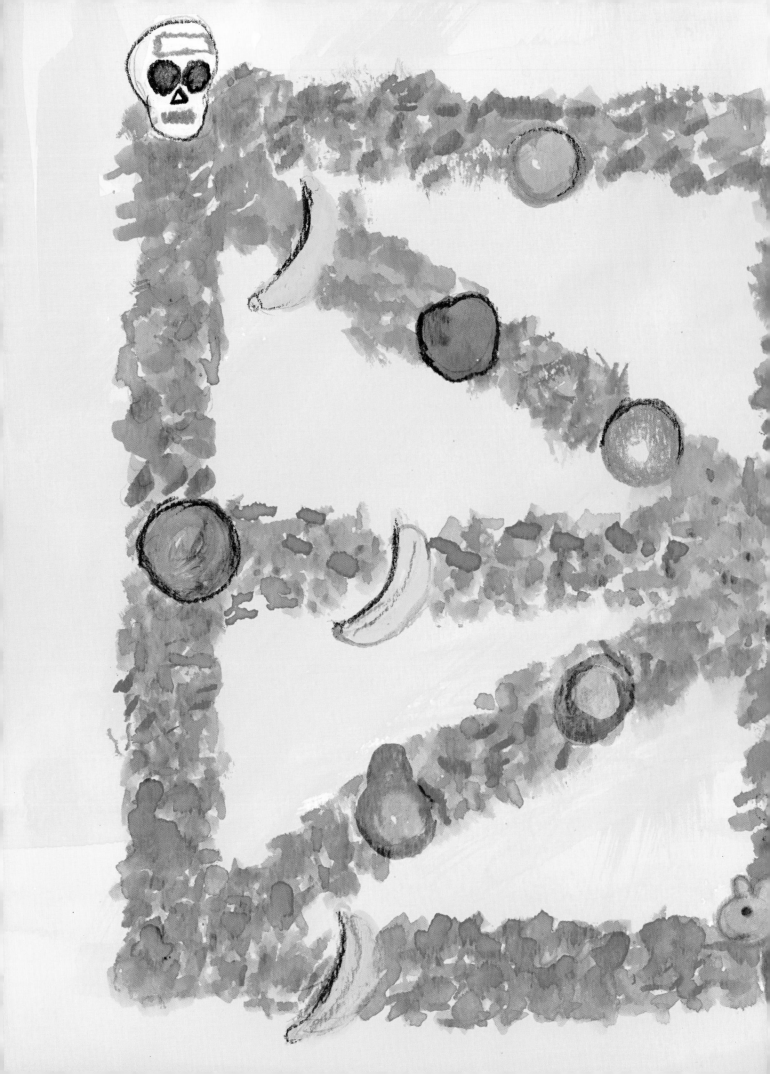

Girls wear traditional dresses on which the embroidered apron with crossed stitches is elegantly displayed. Their grandmothers also join them at the cemetery.

Mothers and grandmothers teach the girls how to honor the memory of their ancestors.

We must keep the tradition alive!

Las niñas orgullosas en sus trajes tradicionales, donde se destaca el mandil bordado en punto de cruz, van al cementerio acompañadas también de las abuelitas.

Madres y abuelas les enseñan cómo honrar la memoria de sus antepasados.

¡Tenemos que mantener viva la tradición!

Their little brothers help by placing the candles and the trays with fruit and bread covered with embroidered napkins, over the tombs.

Some children play musical instruments to their little angels.

The girls place cempasuchitl petals on the tombs.

They light the candles and are careful that the wind does not blow them out.

We must keep the tradition alive!

Sobre las tumbas, los niños ayudan a colocar las velas y las charolas llenas de frutas y panes, cubiertas con servilletas bordadas.

Algunos tocan instrumentos musicales, para alegrar las almas de los angelitos.

Las niñas esparcen pétalos de la flor de cempasúchitl sobre las tumbas.

Prenden las velas y cuidan que no se apaguen.

¡Tenemos que mantener viva la tradición!

For three hours the children are in charge of the ritual, following the instructions of their mothers.

Their grandmothers silently sit, praying for the souls of the deceased, while looking at the cross covered with cempasuchitl.

The silence is broken only by the voice of a man praying aloud from tomb to tomb.

We must keep the tradition alive!

Por tres horas, los niños participan en este ritual, siguiendo las indicaciones de sus madres.

Las abuelas sentadas, con la mirada fija en la cruz adornada con flores de cempasúchitl, rezan por el alma de sus difuntos.

Todo es silencio y recuerdos mientras se escucha la voz de un hombre que va de un lado al otro del cementerio, rezando.

¡Tenemos que mantener viva la tradición!

By mid-morning, the man who has been praying aloud receives some of the offerings that are on the tombs.

Men pick up the crosses and place them again on the altars at home.

The tombs are now covered with yellow and red flowers and petals of the golden cempasuchitl.

The melted wax of the candles shines under the brilliant sunlight.

We must keep the tradition alive!

Alrededor de las diez de la mañana, el rezandero recibe parte de la ofrenda que estuvo sobre las tumbas.

Las personas mayores recogen la cruz, que pondrán nuevamente en el altar que hay en la casa.

Las tumbas quedan cubiertas con flores amarillas y rojas y pétalos del dorado cempasúchitl.

La cera derretida de las velas que encendieron resplandece bajo la luz brillante del sol.

¡Tenemos que mantener viva la tradición!

That night, the women and children of Janitzio will go back to the cemetery with their cross and new offerings, to keep their deceased loved ones company until sunrise on November second.

Men will observe this ritual from outside the cemetery, because in accordance to tradition, they are not allowed to be inside.

Some of the children will stay home because on the morning of November first they were in charge of The Vigil of the Little Angels.

The tradition is alive!

Esa noche, las mujeres y los niños de la isla volverán al cementerio llevando la cruz y nuevas ofrendas, para velar a sus seres queridos, hasta el amanecer del dos de noviembre.

Los hombres verán el ritual desde la puerta del cementerio. Ellos no pueden entrar, así lo manda la costumbre en Janitzio.

Algunos niños se quedarán en casa, porque en la mañana del primero de noviembre, ellos estuvieron a cargo de la ceremonia de La Velación de los Angelitos.

¡Cumpliendo con la tradición!

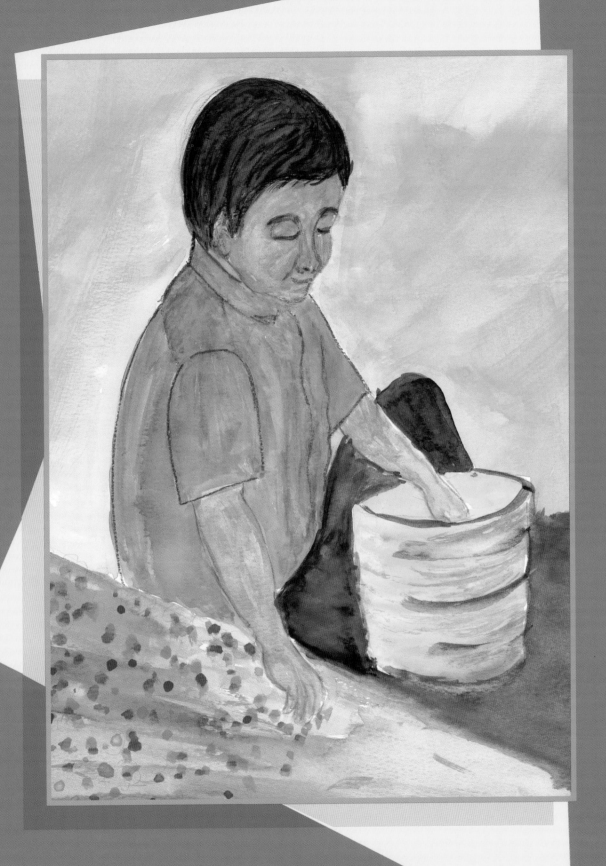

Glossary

The Vigil of the Little Angels: Ritual where children spend time in the cemetery honoring their loved ones.

Janitzio: One of the seven islands located in Lake Patzcuaro, in the State of Michoacan.

Cempasuchitl: A yellow flower, sometimes of orange color, that is traditionally used in decorating altars and tombs. It is planted in June and harvested at the end of October.

Tianguis: Market place where flowers, vegetables and crafts from different regions of the State of Michoacan are sold.

Altar: Special arrangement in the main room of the house. Together with their parents, children place on the altar offerings of food, bread, fruits, sweets, candles, toys, and objects that belonged to the children that are being remembered.

Michoacan cross: A square design made of wood, with two straight lines that cross in the center. It is decorated with cempasuchitl flowers, fruits, bread, corn, toys, and sugar skulls.

Glosario

La Velación de los Angelitos: Tiempo que los niños pasan en el cementerio acompañando a sus seres queridos.

Janitzio: Una de las siete islas que se localiza en el Lago de Pátzcuaro, en el estado de Michoacán.

Cempasúchitl: Flor amarilla o de color anaranjado, que se usa tradicionalmente en los arreglos de los altares y de las tumbas. Se siembra en junio y se corta a fines de octubre.

Tianguis: Mercado donde se venden frutas, verduras, flores y objetos artesanales de las diferentes regiones de Michoacán.

Altar: Arreglo especial en la habitación principal de la casa. Los niños participan colocando con sus padres las ofrendas de comidas, pan, frutas y dulces, además de las velas, juguetes y objetos que pertenecieron a los pequeños que se recuerdan.

Cruz michoacana: Construcción cuadrada de madera, con dos líneas rectas que se cruzan en el centro. Se decora con flor de cempasúchitl, frutas, pan, mazorcas de maíz y calaveritas de azúcar.